3.4

Hazlo:
Chocolate

Madison Spielman

Asesor

Timothy Rasinski, Ph.D.
Kent State University

Créditos

Dona Herweck Rice, *Gerente de redacción*
Robin Erickson, *Directora de diseño y producción*
Lee Aucoin, *Directora creativa*
Conni Medina, M.A.Ed., *Directora editorial*
Ericka Paz, *Editora asistente*
Stephanie Reid, *Editora de fotos*
Rachelle Cracchiolo, M.S.Ed., *Editora comercial*

Créditos de las imágenes

Cover & p.1 Shutterstock; p.3 Aaron Amat/Shutterstock; p.4 Jarenwicklund/Dreamstime; p.5 Niksphoto.com/ Shutterstock; p.6 Jiri Hera/Shutterstock; p.8 Newscom; p.9 Dr. Morley Read/Shutterstock; p.10 Cartesia; p.10 FreeSoulProduction/Shutterstock; p.11 Maceofoto/Shutterstock; p.12 XuRa/Shutterstock; p.13 Diana Lundin/ iStockphoto; p.14 Buyenlarge/Getty Images; p.15 Petros Tsonis/Shutterstock; p.16 El Tiempo/Newscom; p.17 ZUMA Press/Newscom; p.18 Steve Geer/iStockphoto; p.19 LORENVU/SIPA/Newscom; p.20 John & Lisa Merrill/Getty Images; p.21 AFP/Getty Images/Newscom; p.22 Rick Nease-Illustrator/TFK; p.23 Shutterstock ; p.23 Christopher Howeth/ Shutterstock; p.24 Imagesource/Photolibrary; p.25 Glow Images, Inc/Photolibrary; p.25 Frank Fell/The Travel Library/ Photolibrary; pp.26–27 Shutterstock; p.28 left to right; top to bottom: Diana Lundin/iStockphoto; XuRa/Shutterstock; LORENVU/SIPA/Newscom; Switch/Shutterstock; Steve Geer/istockphoto; back cover: Maceofoto/Shutterstock

Basado en los escritos de *TIME For Kids*.

TIME For Kids y el logotipo de *TIME For Kids* son marcas registradas de TIME Inc. Usado bajo licencia.

Teacher Created Materials

5301 Oceanus Drive
Huntington Beach, CA 92649-1030
http://www.tcmpub.com

ISBN 978-1-4333-4448-0

© 2012 Teacher Created Materials, Inc.
Printed in China
Nordica.022018.CA21800004

Tabla de contenido

Sueños de chocolate

Cierra los ojos y piensa en tu **dulce** de chocolate favorito.

Imagina su aroma. Imagina su sabor. Imagina cómo se derrite en tu boca.

¡Mmmmm! ¿Ahora estás listo para el chocolate?

Si eres como la mayoría de los estadounidenses, te encanta el chocolate y comes unas doce libras de chocolate cada año.

¿De dónde viene el chocolate?

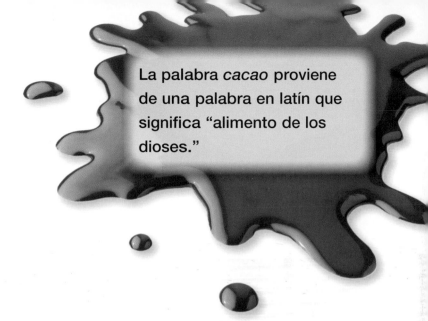

La palabra *cacao* proviene de una palabra en latín que significa "alimento de los dioses."

El chocolate se fabrica a partir de las semillas del **árbol de cacao**. Las semillas del cacao crecen en **vainas**.

Aunque son **semillas de cacao**, en inglés le dicen *cocoa*. Hace mucho tiempo, los angloparlantes escribieron mal la palabra *cacao* y así la han usado desde entonces.

Inglaterra

Suiza

Bahía de Hudson

Mar del Labrador

Atlántico Norte

Mar del Norte

Canal de la Mancha

Golfo de Vizcaya

Mar Negro

Atlántico Norte

Mar Mediterráneo

Golfo de México

Mar Caribe

GHANA

NIGERIA

COSTA DE MARFIL

Ecuador

BRASIL

Atlántico Sur

Clave

de dónde se obtiene el chocolate

donde se elaboró el primer chocolate duro

Casi todas las semillas de cacao provienen de países en Sudamérica, África y Asia. Estos países se encuentran cerca del ecuador. Búscalos en el mapa.

El primer chocolate

vaina de cacao

El chocolate se tomaba como bebida en Sudamérica desde hace mucho tiempo. Sin embargo, el chocolate sólido que comemos se inventó mucho tiempo después.

Hace muchos años, la gente no tenía el chocolate duro. El chocolate como lo conocemos hoy en día se inventó en 1828.

Ese año, un químico holandés separó la manteca del cacao de las semillas. La manteca del cacao tiene un sabor amargo.

Al extraer la manteca del cacao, queda **cacao en polvo**. El cacao en polvo es el delicioso comienzo del chocolate.

semillas de cacao

El primer chocolate sólido se vendió en Inglaterra en 1847.

En el mapa de las páginas 10 y 11 puedes ver dónde están Inglaterra y Suiza.

chocolate amargo

chocolate con leche

En 1875, un suizo añadió leche al chocolate para elaborar el primer chocolate con leche. Este es el tipo de chocolate que se usa en la mayoría de los dulces.

¿Cómo se hace el chocolate?

Se requiere tiempo y trabajo para crear un buen chocolate.

Lo primero es recolectar las vainas de cacao. Después se **fermentan** durante seis días.

Fermentar significa cambiar lentamente. Las levaduras y las bacterias pueden causar este cambio químico.

Cuando las vainas están listas, se abren y se sacan las semillas para secarlas.

Las semillas se secan al sol durante unos siete días. En algunos casos se secan en máquinas especiales.

Después, las semillas secas son enviadas a las fábricas de chocolate.

Allí, se extrae la manteca del cacao, se tuestan las semillas y se muelen para obtener el polvo.

Este polvo se mezcla con azúcar, leche y otros ingredientes para formar chocolates diferentes.

Más tarde, el chocolate se calienta en una máquina llamada **concha**. Los mejores chocolates se calientan allí durante al menos una semana.

La concha mantiene el chocolate líquido y uniforme.

Por último, se enfría el chocolate de manera lenta, se vuelve a calentar y se enfría a su dureza final. Ahora, ya está listo para empaquetarse y enviarse a las tiendas, para que lo compres y comas.

¿A quién le gusta el chocolate?

Los estadounidenses comen casi la mitad de todo el chocolate del mundo.

Pero los suizos son a quienes más les gusta. En promedio, ¡cada suizo come veintidós libras de chocolate al año!

De hecho, muchas personas piensan que el chocolate suizo es el mejor del mundo.

¡Chocolate, chocolate por todas partes!

¿Sólo hay chocolate en los dulces? ¡No! Encontrarás chocolate en muchos alimentos. Pastel de chocolate, pudín, galletas, helado y chocolate caliente son sólo algunos. Donde hay comida, es probable que también encuentres algún tipo de chocolate.

¿Cuál es tu alimento de chocolate favorito?

Glosario

árbol de cacao

cacao en polvo

concha

dulces

fermentar

semillas de cacao

vaina de cacao